# Inhalt

## Gedeckte und ungedeckte Anleihen - ein Marktsegment, das aus der Krise gestärkt hervorgeht

Kernthesen

Beitrag

Fallbeispiele

Weiterführende Literatur

Impressum

# Gedeckte und ungedeckte Anleihen - ein Marktsegment, das aus der Krise gestärkt hervorgeht

*Gerhard Dengl*

## Kernthesen

- Auf der Suche nach sicheren und rentierlichen Anlageformen werden die Investoren nun den Markt für gedeckte und ungedeckte Anleihen wiederentdecken.
- Obwohl beide Anlageformen ein unterschiedliches Profil haben, stellen sie doch aktuell die attraktivste Anlagemöglichkeit gerade für konservative Investoren dar.

- Banken profitieren als Investoren gleich doppelt: Einerseits können sie darüber auf einträgliche Weise die von der EZB zur Verfügung gestellte Liquidität parken, andererseits erfahren Anleihen unter den neuen Basel-III-Regeln eine bevorzugte Anrechnung als Liquiditätspuffer.
- Für Unternehmen führt die steigende Nachfrage nach Anleihen zu geringeren Finanzierungskosten.

# Beitrag

# Gedeckte Anleihen

Gedeckte Anleihen (engl.: Covered Bonds; auch: gedeckte Schuldverschreibungen) sind Inhaberschuldverschreibungen, die mit Forderungen besichert sind und in der Regel von Banken begeben werden. Das Segment der gedeckten Anleihen wird in Deutschland mit etwa 35 Prozent vom Hypotheken-Pfandbrief dominiert. Diese gelten aus mehreren Gründen als sehr sicher. Erstens haftet der Emittent, also die den Pfandbrief begebende Bank, für die zugrundeliegenden Forderungen. Zweitens sind Pfandbriefe mit erstrangigen Grundschulden aus Hypothekendarlehen besichert und bieten darauf noch eine Überdeckung: Es dürfen für die Deckung nur 60 Prozent des Beleihungswertes herangezogen werden, was etwa der Hälfte des Marktwertes der Immobilien entspricht. Im Unterschied zu einer Verbriefung derselben Forderungen ist der Investor damit im Falle des Pfandbriefes auch vor einem Ausfall der begebenden Bank geschützt. Er hat immer Anspruch auf die direkten Zahlungsströme aus der darunter liegenden Forderung. (2)

## Ungedeckte Anleihen

Pfandbriefe dürfen nur von Banken mit entsprechender Erlaubnis begeben werden; ungedeckte Anleihen dagegen können auch von Unternehmen außerhalb des Finanzsektors begeben werden. Der Unterschied: Während bei gedeckten Anleihen das Risiko für den Investor sich zuerst auf den Emittenten und in zweiter Linie auf den Deckungsstock bezieht, bezieht es sich bei ungedeckten Anleihen ausschließlich auf den Emittenten. Man sollte annehmen, dass dadurch die geforderte Rendite bei ungedeckten Anleihen von Unternehmen deutlich höher ist. Dies ist jedoch nicht zu beobachten. Ein Grund dafür könnte sein, dass die Anleger einer großen industriellen Adresse immer noch mehr Vertrauen schenken als einer Bank. Umgekehrt war es seit Ausbruch der Finanzkrise vor einigen Jahren fast unmöglich, ungedeckte Bankanleihen zu begeben. (6)

## Hypothekenpfandbriefe immer noch führend

Die Nachfrage nach Pfandbriefen bleibt weiterhin vergleichsweise hoch. Man muss allerdings zwischen öffentlichen Pfandbriefen und Hypothekenpfandbriefen unterscheiden. Erstere werden immer seltener emittiert, da die damit verbundene Rendite keine Anleger lockt. Hypothekenpfandbriefe erfreuen sich dagegen immer höherer Beliebtheit. Den Anlegern kommt es aber darauf an, dass die Deckungswerte aus deutschen Forderungen bestehen und keinesfalls aus solchen aus der europäischen Peripherie. Das kleinteilige private Baufinanzierungsgeschäft bleibt dabei weiterhin die Lieblingsvariante der Investoren. (1)

## Warum Anleihen jetzt auf dem Vormarsch sind

Der Hauptgrund, warum sowohl für gedeckte als auch für ungedeckte Anleihen eine steigende Nachfrage erwartet wird, ist die Alternativlosigkeit der Anleger. Staatsanleihen sind derzeit einfach nicht beliebt, weil das Risiko unkalkulierbar geworden ist. Wer eine sichere Anlagemöglichkeit sucht, der landet damit zwangsläufig bei Unternehmensanleihen oder Pfandbriefen. Ungedeckte Bankanleihen möchte derzeit auch keiner mehr im Portfolio haben. Unternehmen können dieses Szenario nur positiv bewerten, denn für sie verbessern sich dadurch die Finanzierungsbedingungen. (3)

## Billiges Geld der EZB hilft dem Anleihemarkt

Weil die EZB seit mehreren Monaten den Banken günstige Liquidität zur Verfügung stellt, müssen diese auch sehen, mit welchen Mitteln sie dieses Geld in Rendite verwandeln können. Der Anleihenmarkt scheint dafür im Moment das Mittel der Wahl zu sein. Die gebotene Rendite liegt hier deutlich über den Kosten der EZB-Liquidität, und das Risiko ist überschaubar. Über diesen Umweg fließt dann das Zentralbankgeld doch noch in die Finanzierung der produzierenden Privatwirtschaft. Banken treten daher auf den Anleihemarkt nicht nur als Emittenten für gedeckte Schuldverschreibungen, sondern auch als Investoren für ungedeckte Schuldverschreibungen auf. (5), (9)

# Trends

## Für Banken besonders interessant

Für Banken sind Anleihen auch als Investoren vor dem Hintergrund von Basel III besonders interessant. So werden für die ab 2013 zu ermittelnde Liquiditätskennziffer künftig neben Staatsanleihen auch gedeckte Anleihen von Banken und ungedeckte Anleihen von Unternehmen anrechenbar sein. Ungedeckte Anleihen von Banken sind dagegen nicht anrechenbar. Damit versuchen die Regulatoren, die Interdependenzen zwischen den Banken zu verringern. Außerdem lassen sich Pfandbriefe bei der EZB im Rahmen der Offenmarktgeschäfte gut zur Refinanzierung einsetzen. (7)

## Structured Covered Bonds

Während an die Emission von Pfandbriefen sehr strikte Regeln geknüpft sind, ist dies bei Structured Covered Bonds nicht der Fall. Hier sind die zugrundeliegende Assetklasse, der Überdeckungsgrad sowie die Kreditqualität deutlich flexibler. Im Gegenzug muss den Investoren dafür mehr Rendite geboten werden als bei den Pfandbriefen. (2)

# Fallbeispiele

## Tesco testet den Investorenappetit

Die britische Supermarktkette Tesco legte eine Anleihe mit einer siebenjährigen Laufzeit auf. Das Volumen wurde vorab auf 750 Millionen Euro begrenzt. Dabei hätte Tesco, das über ein A-Rating verfügt, deutlich mehr Volumen realisieren können. Wie sich später zeigte, war die Anleihe mehr als zehnfach überzeichnet. Ein gutes Zeichen für Tesco und auch für das Instrument an sich. (4)

## Covered Bond Boom geht an Italien und Spanien vorbei

Einer der großen Vorteile der Pfandbriefe, nämlich die Besicherung mit soliden Forderungen aus Immobilienkrediten, kann sich auch nachtteilig auswiken wie die Beispiele Italien und sogar mehr noch Spanien zeigen. Beide Länder haben äußerst angespannte Immobilienmärkte. Es finden sich kaum Anleger, die - selbst über gedeckte Anleihen - in diese Märkte investieren wollen. Während sich daher im mittleren und nördlichen Europa Banken über gedeckte Anleihen komfortabel refinanzieren können,

bleiben italienische und spanische Banken außen vor.
(8)

## Weiterführende Literatur

(1) Pfandbriefmarkt steht vor Belebung Hohe Nachfrage bei knappem Angebot begünstigt neue Institute - Geschäftsmodell und Rating zentral
aus Börsen-Zeitung, 16.02.2012, Nummer 33, Seite 4

(2) Langfristiges Funding in schweren Zeiten
aus Zeitschrift für das gesamte Kreditwesen 04 vom 15.02.2012 Seite 164

(3) Der Reiz der Unternehmensanleihe
aus Frankfurter Allgemeine Zeitung, 29.02.2012, Nr. 51, S. 11

(4) Tesco testet zuerst den Investorenappetit Gedeckte Titel von BPCE und Unicredit Bank Austria
aus Börsen-Zeitung, 29.10.2011, Nummer 209, Seite 17

(5) Anleihen gehen weg wie warme Semmeln Emissionsvolumen europäischer Firmen steigt im Januar um 65 Prozent // Nachfrage teils zehnmal so hoch wie das Angebot
aus Financial Times Deutschland vom 03.02.2012, Seite 19

(6) Attraktive Alternative Covered-Bond-Fonds rücken in den Fokus der Anleger. Besicherte Anleihen

bieten hohe Renditen und besonderen Schutz
aus Financial Times Deutschland vom 06.02.2012,
Seite 22

(7) Gedeckte Anleihen als sicherer Hafen gesucht
aus Börsen-Zeitung, 28.02.2012, Nummer 41, Seite 2

(8) Boom gedeckter Bankanleihen geht an Italien und Spanien vorbei Ratingagentur S&P warnt angesichts der Euro-Schuldenkrise vor steigenden Aufschlägen für die Papiere // Institute aus Südeuropa 2012 noch nicht am Markt
aus Financial Times Deutschland vom 30.01.2012, Seite 19

(9) Notenbank stützt Geldmarkt Zwei Jahrestender angekündigt - Währungshüter kaufen wieder gedeckte Anleihen - Euro legt zu
aus Börsen-Zeitung, 07.10.2011, Nummer 193, Seite 17

# Impressum

## Gedeckte und ungedeckte Anleihen - ein Marktsegment, das aus der Krise gestärkt hervorgeht

**Bibliografische Information der deutschen Nationalbibliothek**

Die Deutsche Nationalbibliothek verzeichnet diese Publikation in der deutschen Nationalbiliografie; detaillierte bibliografische Daten sind im Internet über http://dnb.d-nb.de abrufbar.

ISBN: 978-3-7379-0518-3

© 2015 GBI-Genios Deutsche Wirtschaftsdatenbank GmbH, Freischützstraße 96, 81927 München, www.genios.de

Alle Rechte vorbehalten. Dieses Werk ist einschließlich aller seiner Teile – z.B. Texte, Tabellen und Grafiken - urheberrechtlich geschützt. Jede Verwertung außerhalb der Grenzen des Urheberrechtsgesetzes bedarf der vorherigen Zustimmung des Verlags. Dies gilt insbesondere auch für auszugsweise Nachdrucke, fotomechanische

Vervielfältigungen (Fotokopie/Mikroskopie), Übersetzungen, Auswertungen durch Datenbanken oder ähnliche Einrichtungen und die Einspeicherung und Verarbeitung in elektronischen Systemen.